PIM Y LA LUNA

ExLibric

ROMI KIRILOVA

PIM Y LA LUNA

EXLIBRIC
ANTEQUERA 2025

PIM Y LA LUNA
© Romi Kirilova
Diseño de portada: Dpto. de Diseño Gráfico Exlibric

1ª edición

Editado por: ExLibric
c/ Cueva de Viera, 2, Local 3
Centro Negocios CADI
29200 Antequera (Málaga)
Teléfono: 952 70 60 04
Fax: 952 84 55 03
Correo electrónico: exlibric@exlibric.com
Internet: www.exlibric.com

ISBN: 979-13-88079-07-8
Depósito Legal: MA 1821-2025

Impresión: PODiPrint
Impreso en Andalucía – España

Nota de la editorial: ExLibric pertenece a Innovación y Cualificación S. L.

ROMI KIRILOVA

PIM Y LA LUNA

Para Nico, Sasha y Leni

Érase una vez un
pajarito llamado Pim.

Siempre soñaba
con la Luna.

Pero ¿dónde está la Luna?

La veía en el cielo y
también en el agua.

Pero no...

En el agua, solo era un reflejo.

«Quiero ir a la Luna», pensó una vez el pajarito.

Pim empezó a volar
sin descanso.

Voló de día...

Y voló de noche.

Pim volaba cada
vez más alto.

Y más alto.

Cada vez más cerca
de la Luna.

«Voy a alunizar».

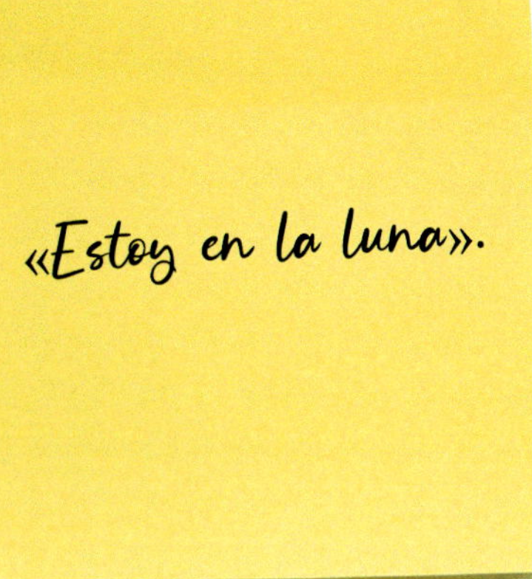
«Estoy en la luna».

«¡Oh! ¿Qué es eso tan bonito?».

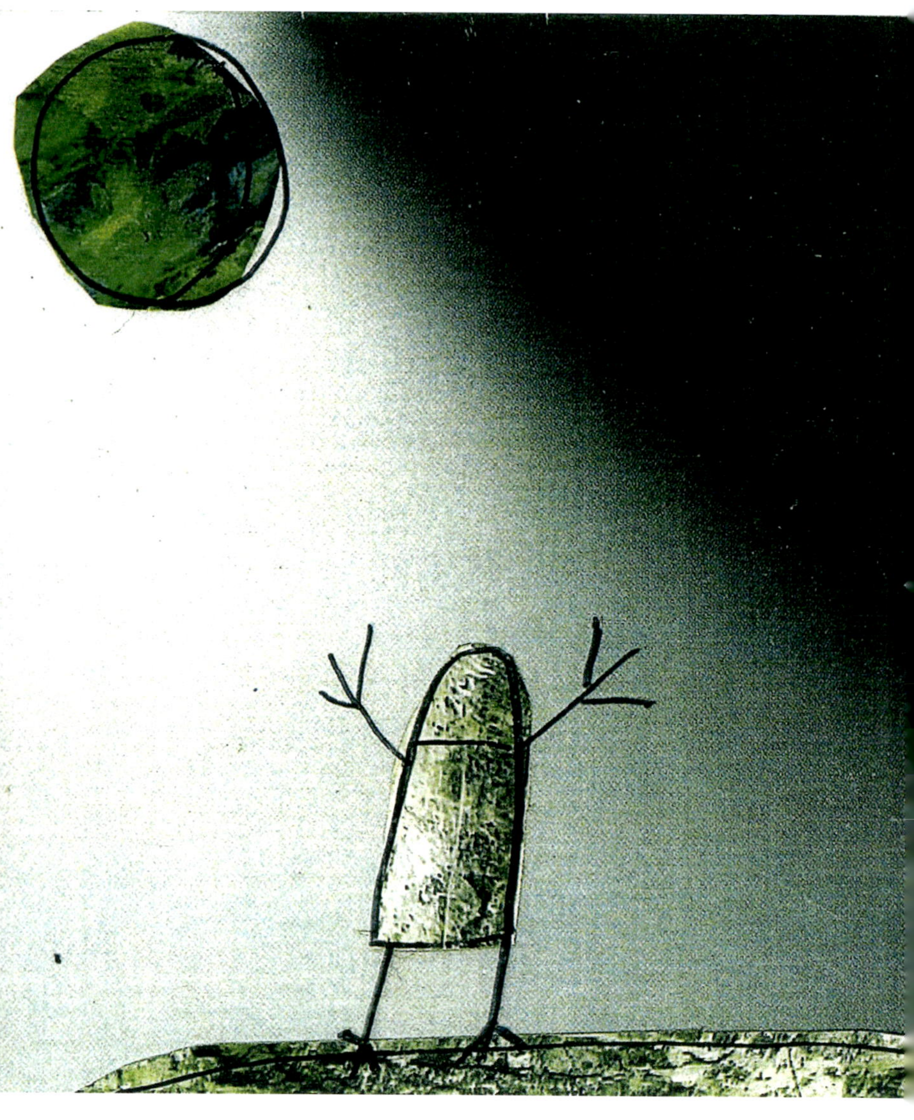

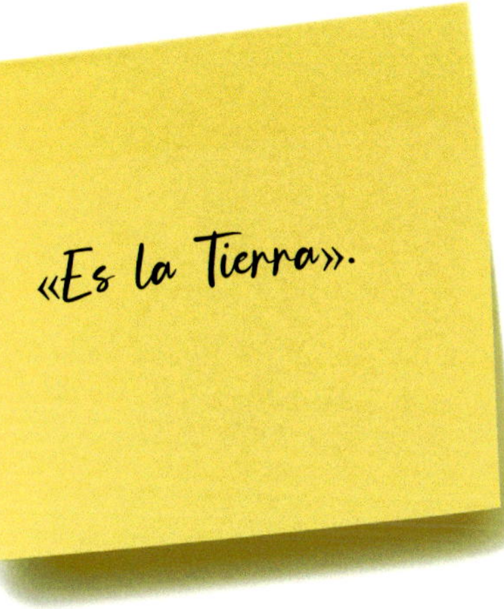
«Es la Tierra».

Y ahora que
está en la Luna,
el pajarito Pim
sueña con la
Tierra.